PIANO · VOCAL · GUITAR

INGRID MICHAELSON LIGHTS OUT

ISBN 978-1-4803-8733-1

EXCLUSIVELY DISTRIBUTED BY
HAL•LEONARD®
CORPORATION
7777 W. BLUEMOUND RD. P.O. BOX 13819 MILWAUKEE, WI 53213

In Australia Contact:
Hal Leonard Australia Pty. Ltd.
4 Lentara Court
Cheltenham, Victoria, 3192 Australia
Email: ausadmin@halleonard.com.au

Visit Hal Leonard Online at
www.halleonard.com

HOME

Words and Music by
INGRID MICHAELSON

Ooh, _____ ooh. _____

_____ Ooh, _____ E - ven in the

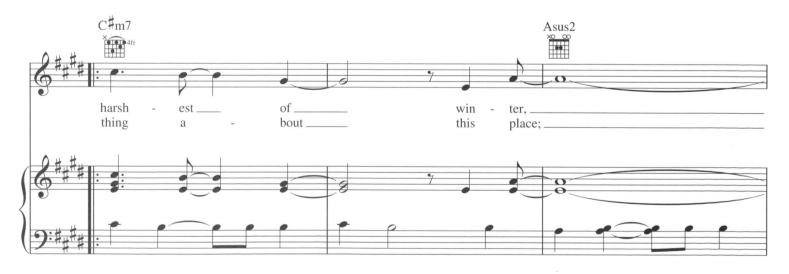

harsh - est _____ of _____ win - ter, _____
thing a - bout _____ this place; _____

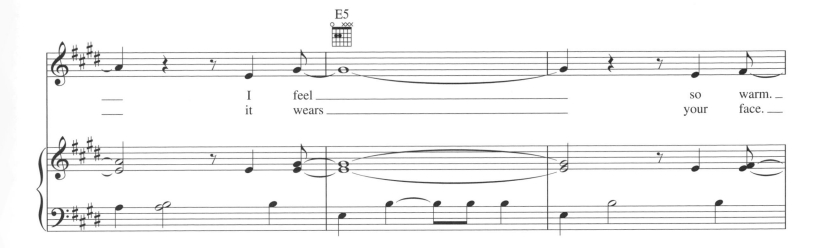

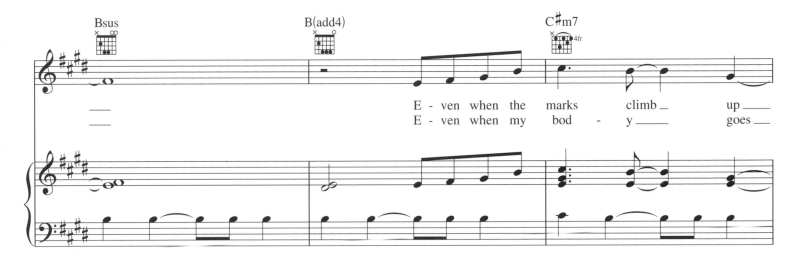

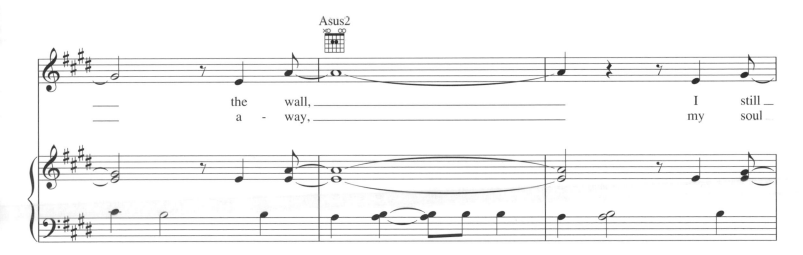

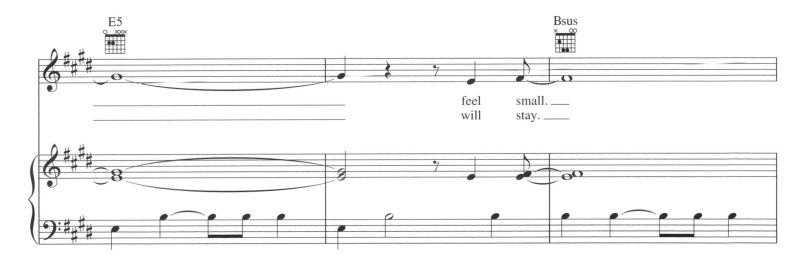

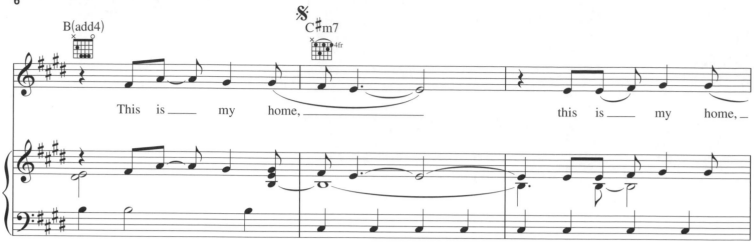

This is ____ my home, _____ this is ____ my home, __

_____ where _ I go _____

when I've ____ got no - where else ____ to go. __

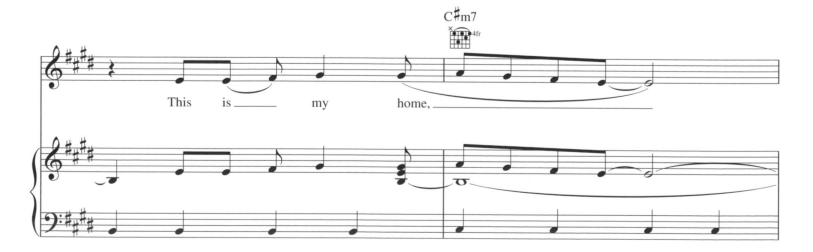

This is ____ my home, _____

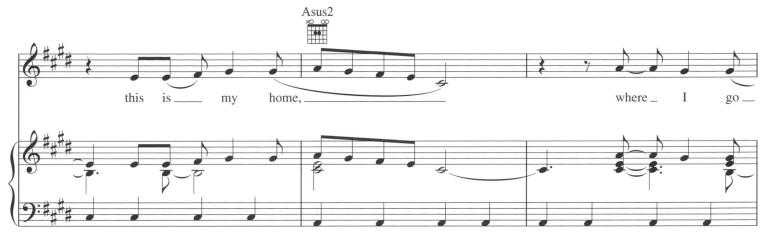

this is _____ my home, _____ where _ I go _____

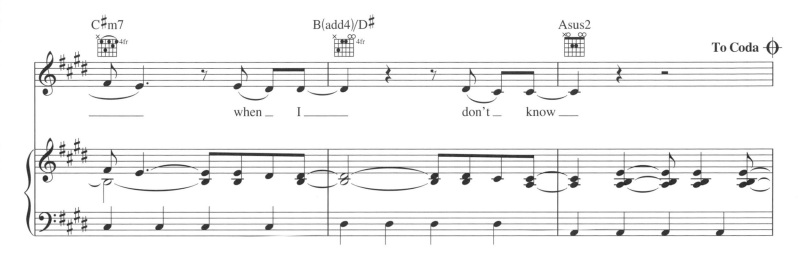

_____ when _ I _____ don't _ know _____

To Coda

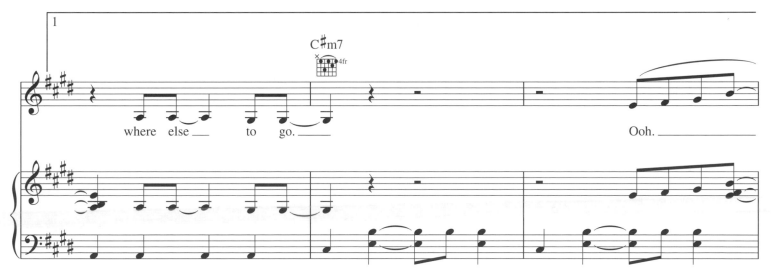

where else _____ to go. _____ Ooh. _____

Ooh, _____

Oh, _____ oh, oh, oh, _____ oh, oh, _____ oh,

oh, oh, _____ oh. _____

Do you _____ feel safe? _____

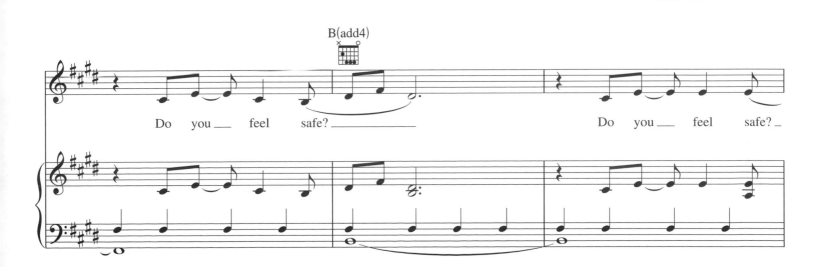

Do you _____ feel safe? _____ Do you _____ feel safe? _

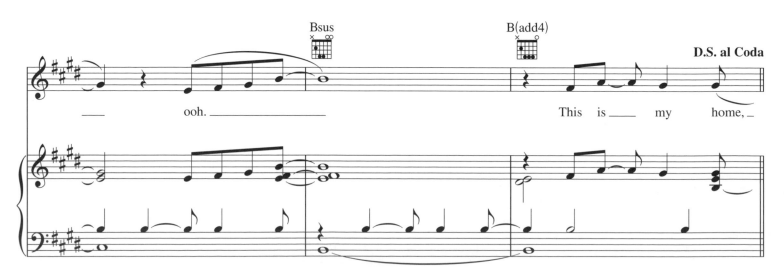

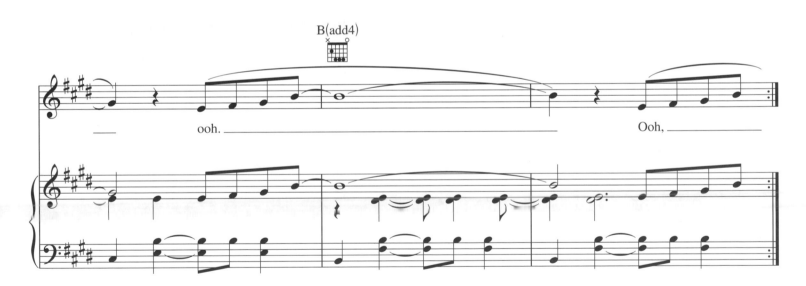

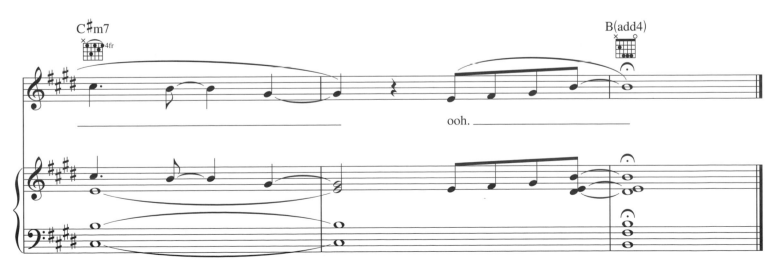

GIRLS CHASE BOYS

Words and Music by INGRID MICHAELSON,
TRENT DABBS and BARRY DEAN

not make it hard-er than it has to be. __ (Oh, _____ it's all the same thing:

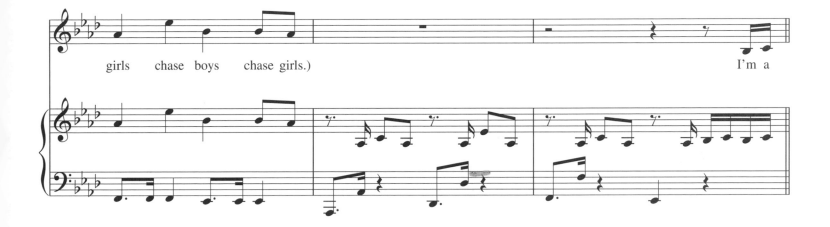

girls chase boys chase girls.) I'm a

lit - tle let down, but I'm __ not dead. _____ There's a
lit - tle bit hung, but I'm __ not there __ yet. _____ It's

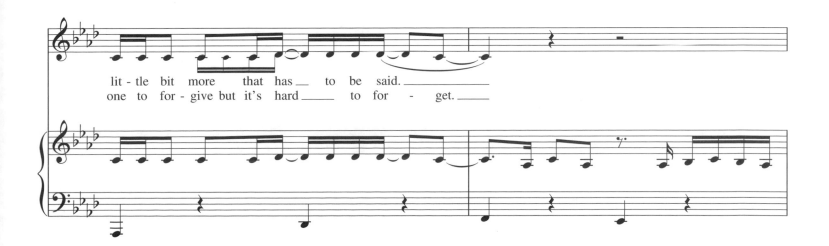

lit - tle bit more that has __ to be said. _____
one to for - give but it's hard _____ to for - get. _____

WONDERFUL UNKNOWN

Words and Music by
INGRID MICHAELSON

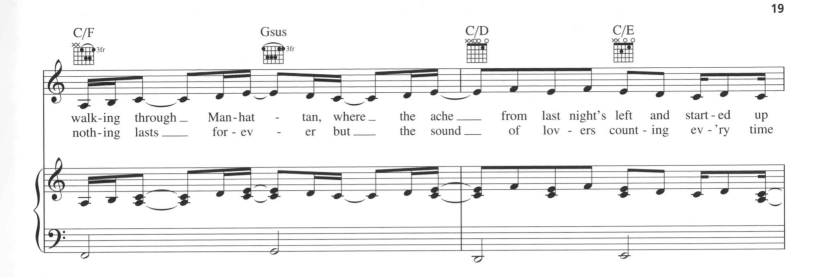

walk-ing through __ Man-hat - tan, where __ the ache __ from last night's left and start-ed up
noth-ing lasts __ for - ev - er but __ the sound __ of lov - ers count - ing ev -'ry time

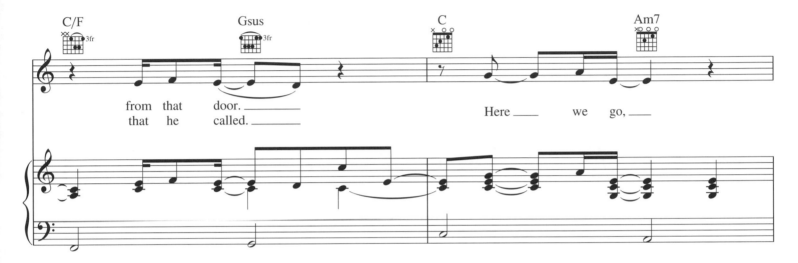

from that door. _____
that he called. _____

Here __ we go, __

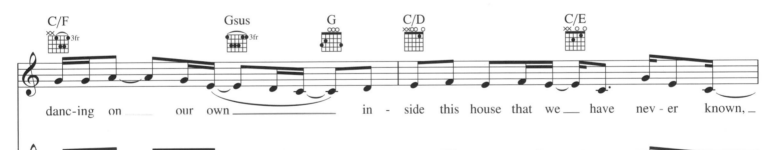

danc-ing on __ our own _____ in - side this house that we __ have nev - er known, __

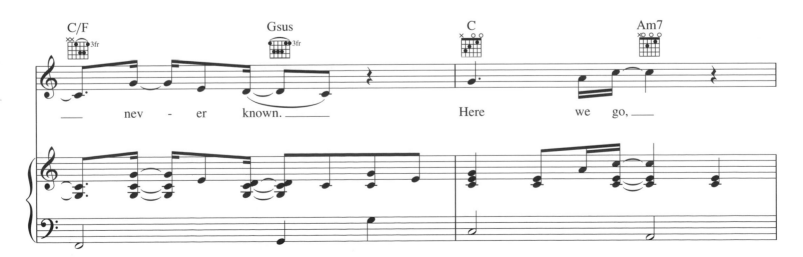

__ nev - er known. _____ Here we go, __

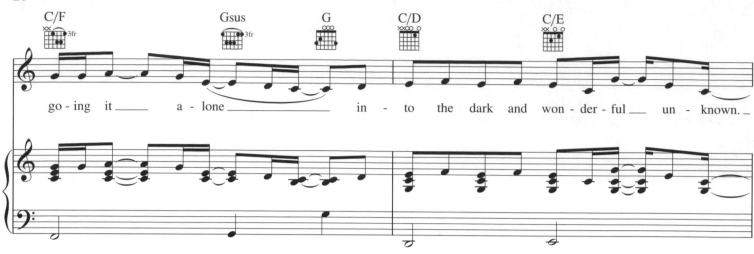

go - ing it ____ a - lone ____ in - to the dark and won - der - ful ____ un - known. ____

____ Let us go, ____ let us go. ____ Let us go, ____ let us go. ____

____ In the best ____ way, you'll be the death of me. ____

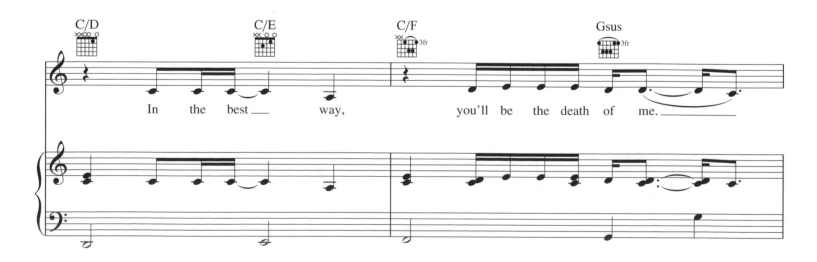

In the best ____ way, you'll be the death of me. ____

21

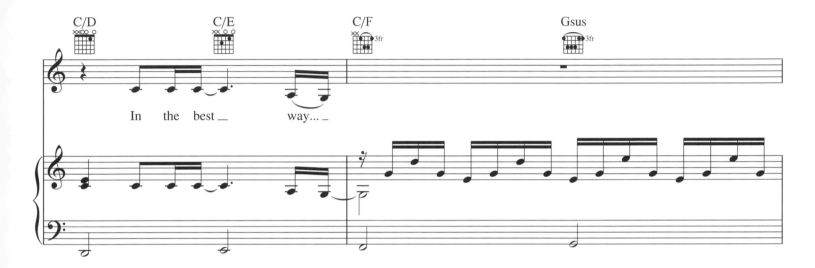

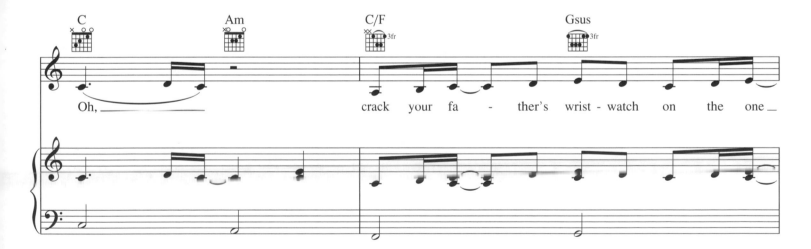

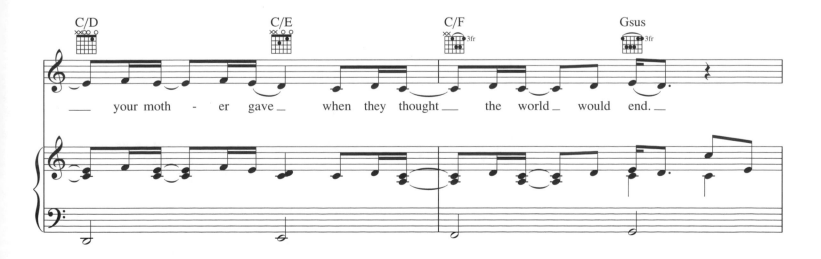

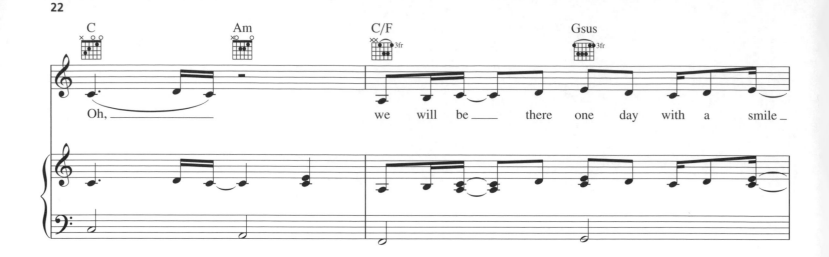

Oh, _____ we will be ___ there one day with a smile __

__ and noth-ing more _ to say good-bye ___ to a friend. _

Here ___ we go, ___ danc-ing on ____ our own _____ in-

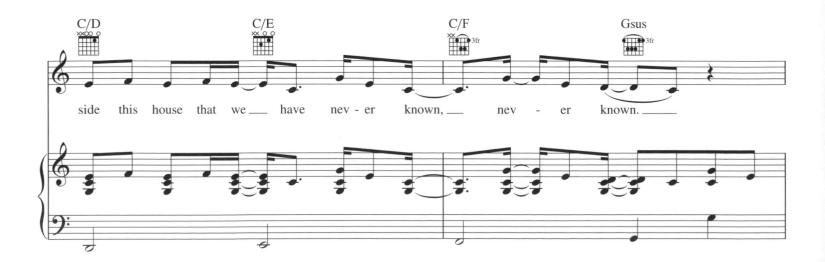

side this house that we ___ have nev-er known, ___ nev-er known. _____

Here we go, ___ go - ing it ___ a - lone ___ in -

to the dark and won - der - ful ___ un - known. ___ Let us go, ___ let us go. ___

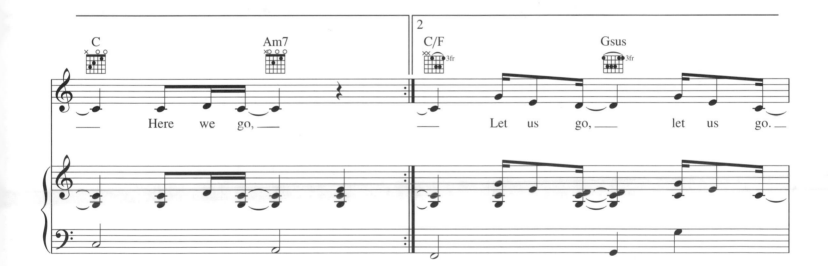

___ Here we go, ___ ___ Let us go, ___ let us go. ___

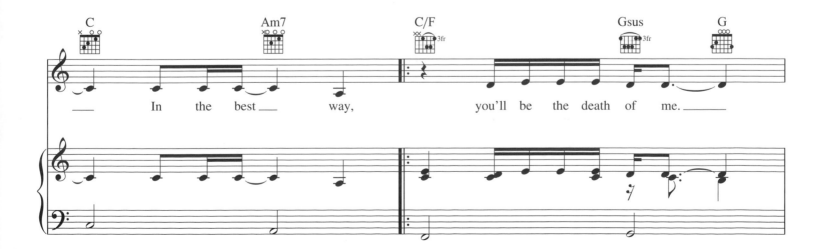

___ In the best ___ way, you'll be the death of me. ___

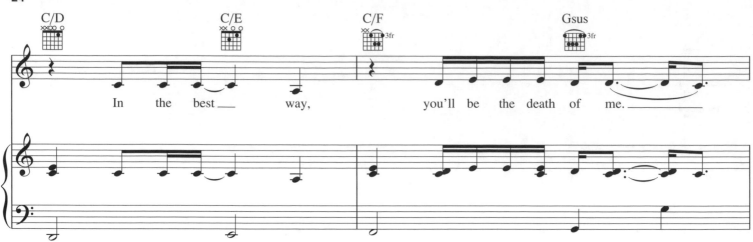

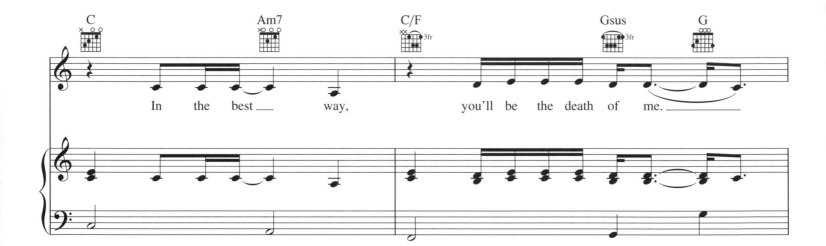

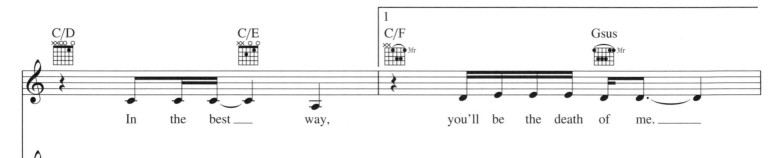

YOU GOT ME

Words and Music by INGRID MICHAELSON,
MICK LYNCH and KEVIN MAY

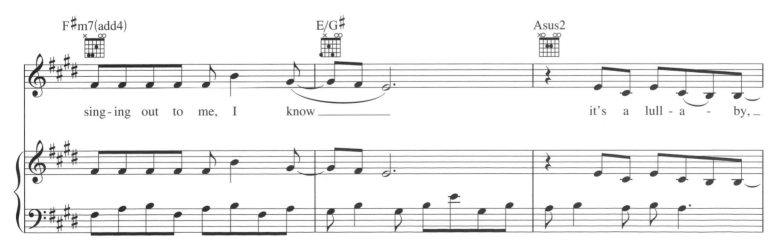

and I'm __ tan-gled in thoughts __ of you. _____

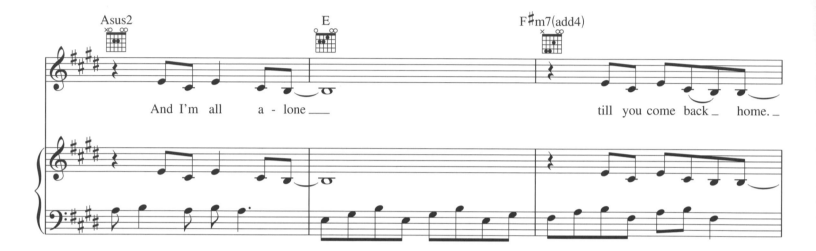

And I'm all a - lone ___ till you come back __ home. __

Why don't you come back home? __

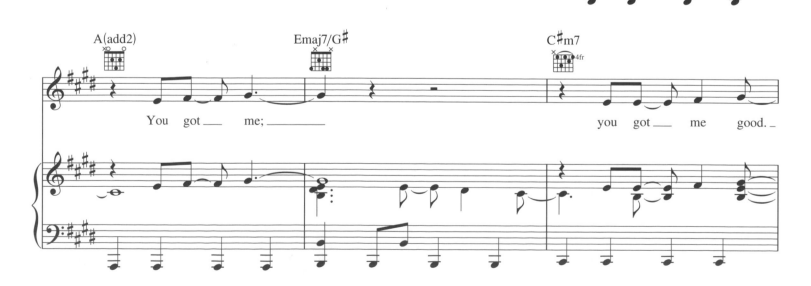

You got __ me; _____ you got __ me good. __

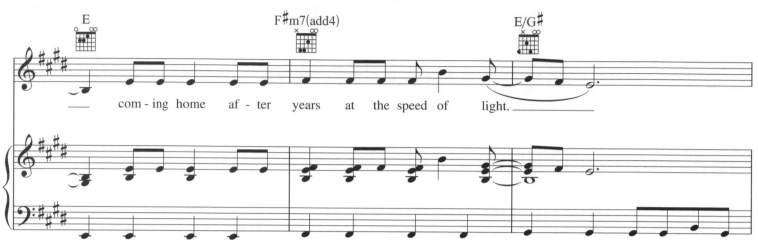

com - ing home af - ter years at the speed of light. _____

Sud - den - ly, you're there, _____ like a pearl ___ in the

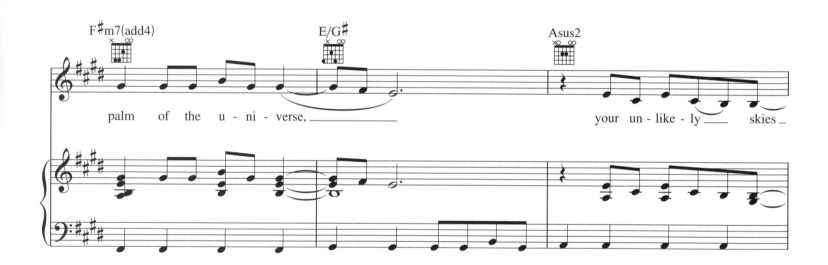

palm of the u - ni - verse, _____ your un - like - ly ___ skies _

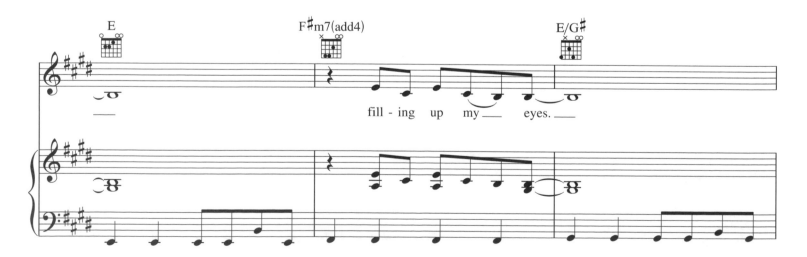

fill - ing up my ___ eyes. ___

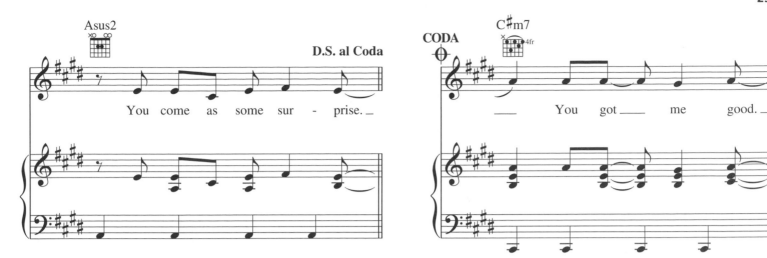

You come as some sur - prise. __

(Oh, __

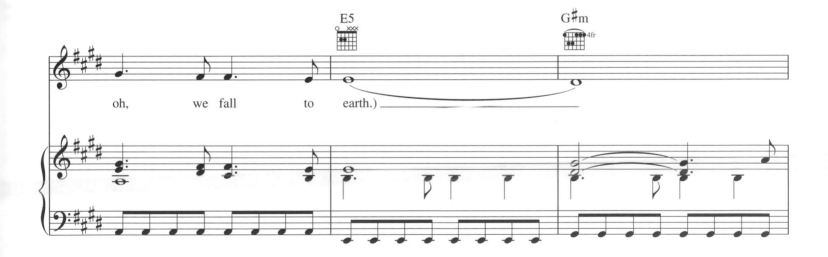

oh, we fall to earth.) __

(Oh, __

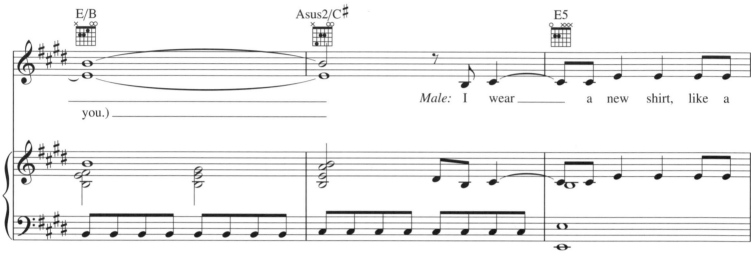

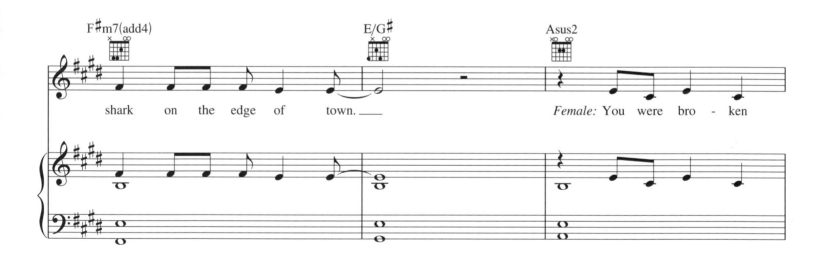

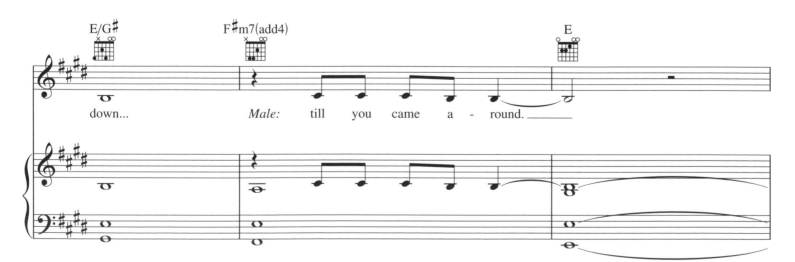

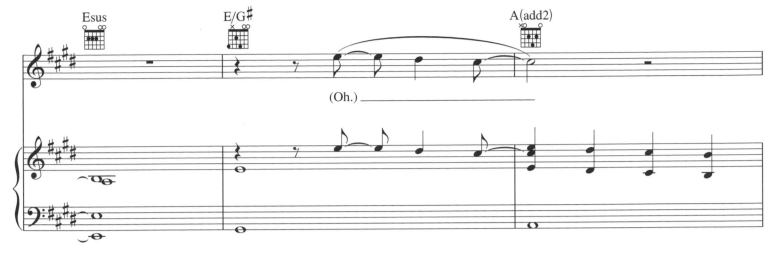

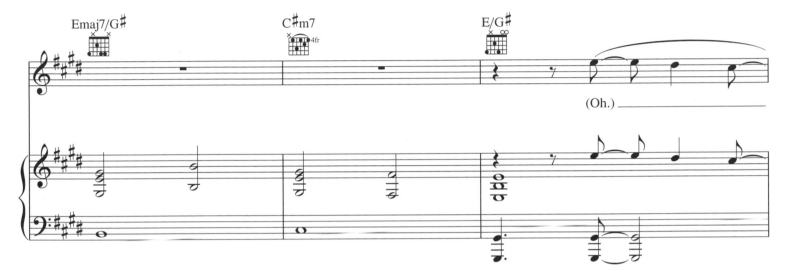

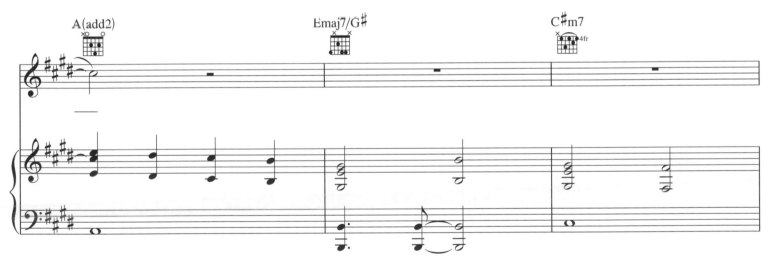

32

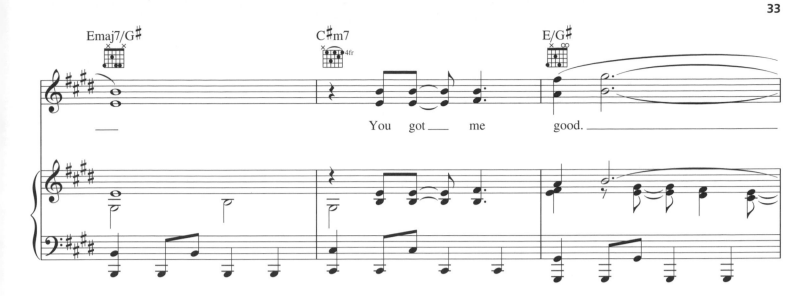

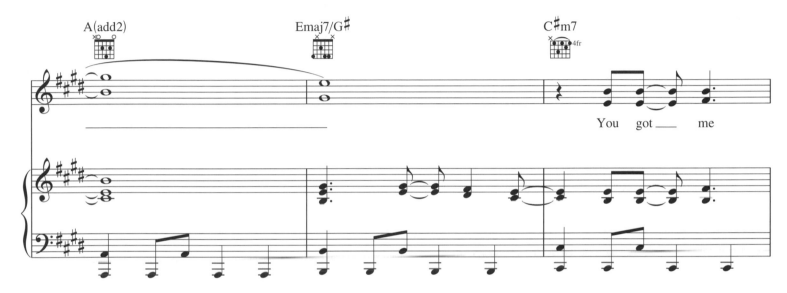

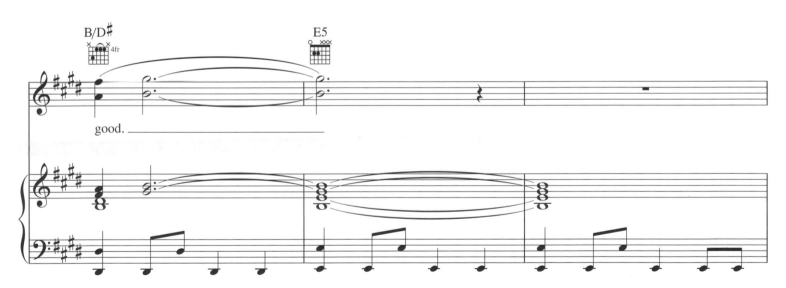

WARPATH

Words and Music by
INGRID MICHAELSON

Moderately

Ba - by, you drive me so cra - zy. Ba - by, you drive _____

me so cra - zy. Ba - by, you ___ drive ___ me so ___ mad, ___ you got me

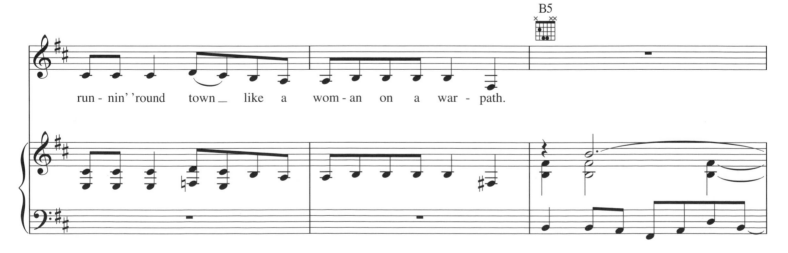

run - nin' 'round town ___ like a wom - an on a war - path.

You're put-ting your spell on me.___ You got me root-ed in the ground___ like an

old___ oak tree. I ache so___ good;___ can't you see___ that

you got the mag - ic to set___ me free? Ba - by, you drive

F#

B5

me so cra-zy. Ba-by, you drive _____ me so cra-zy.

Bm   D6   E   Em7   F#7♭5(no3rd)

To Coda ⊕

Ba - by, you _ drive _ me so _ mad, _ you got me run-nin' 'round town _ like a

B5

wom-an on a war - path.

B5

You got some mag-ic touch. _ You got the

hands that make _ 'em all _ buck - le and blush. _ My blood runs fast, yeah, you

D.S. al Coda

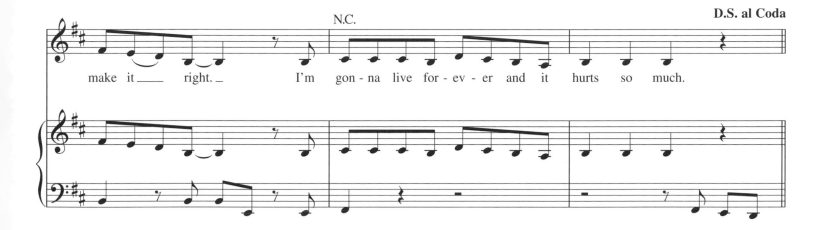

N.C.

make it _ right. _ I'm gon - na live for - ev - er and it hurts so much.

CODA

B5

N.C.

wom - an on a war - path. There was a time _ when you _ were

Bm Bm/D Bm/C♯ Bm Em/G

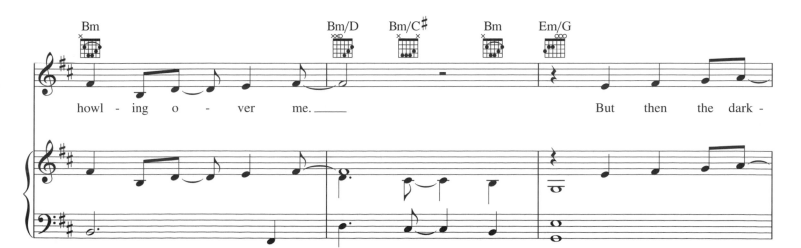

howl - ing o - ver me. _ But then the dark -

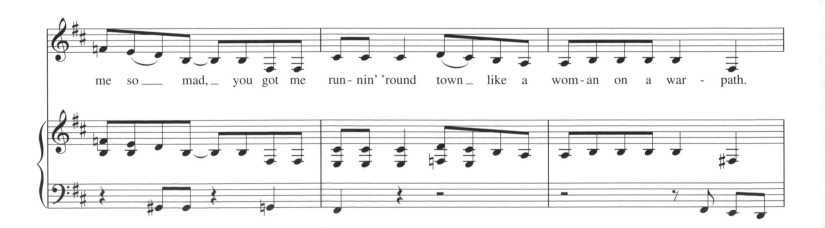

HANDSOME HANDS

Words and Music by
INGRID MICHAELSON

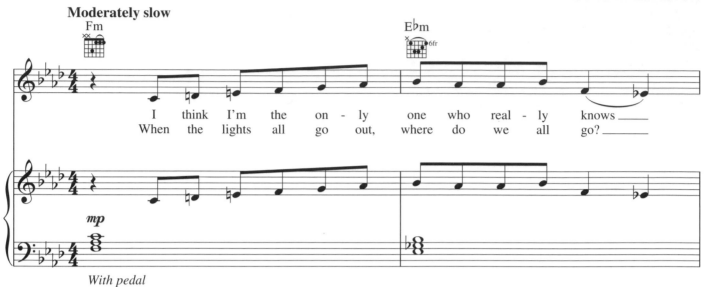

I think I'm the on-ly one who real-ly knows
When the lights all go out, where do we all go?

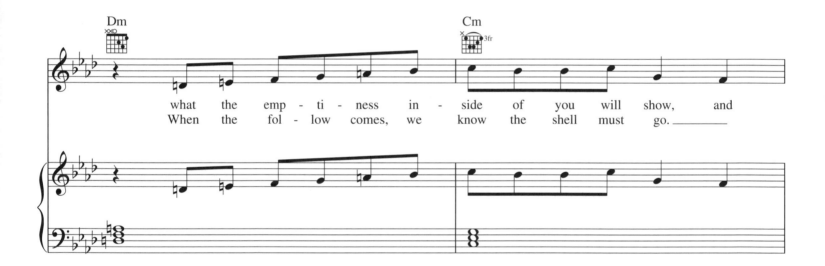

what the emp-ti-ness in-side of you will show, and
When the fol-low comes, we know the shell must go.

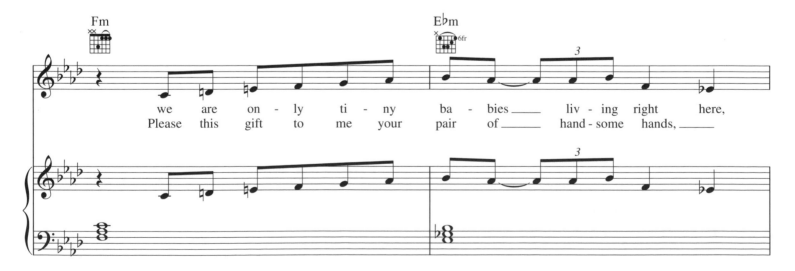

we are on-ly ti-ny ba-bies liv-ing right here,
Please this gift to me your pair of hand-some hands,

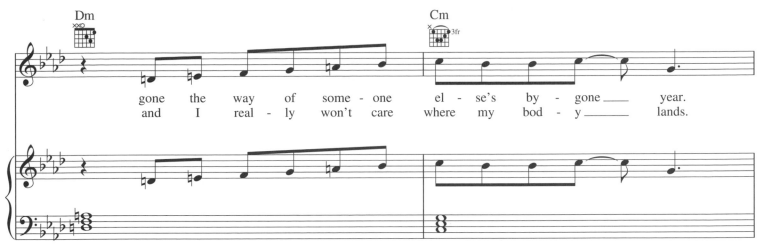

gone the way of some-one el-se's by-gone ___ year.
and I real-ly won't care where my bod-y ___ lands.

Can ___ you feel me ___ cry -

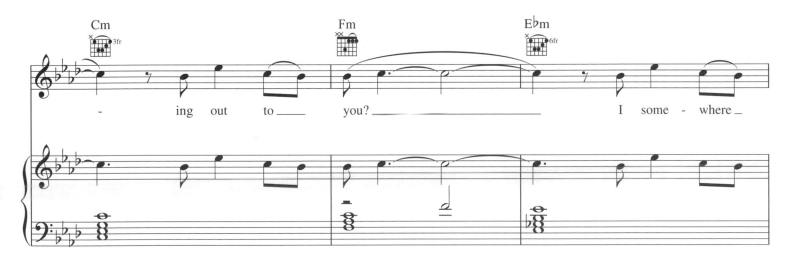

- ing out to ___ you? ___ I some-where ___

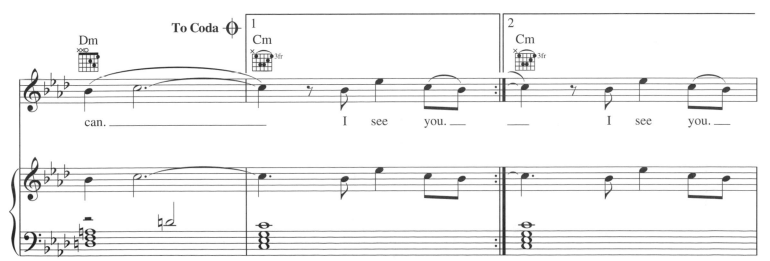

To Coda

can. ___ I see you. ___ I see you. ___

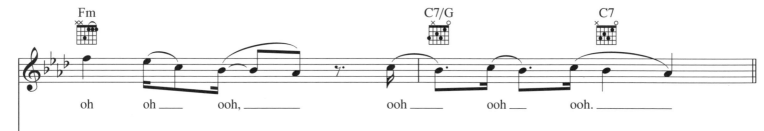

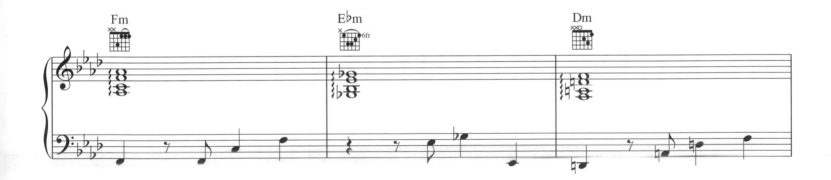

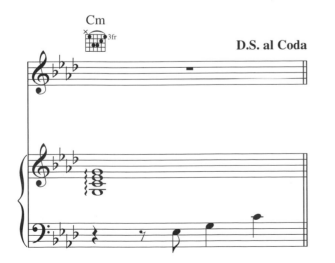

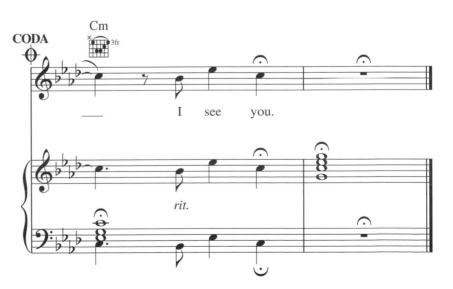

TIME MACHINE

Words and Music by INGRID MICHAELSON,
busbee and TRENT DABBS

Recorded a half step lower.

You changed the end, like ev - 'ry - bod - y said you would. __
You made that bed; __ good luck fall - ing back a - sleep. __

I should - a seen it com - ing; it should - a sent me run - ning.

That's what I get for lov - ing you. __

If I had a time ma - chine, __ and if life was a mov - ie scene, __ I'd

46

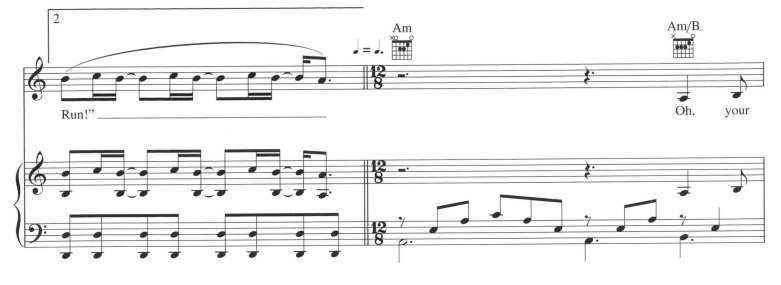

Run!" _____ Oh, your

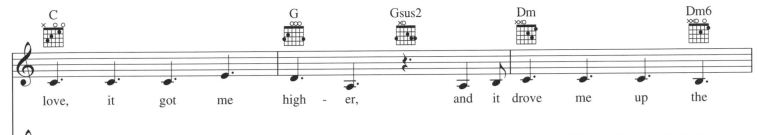

love, it got me high - er, and it drove me up the

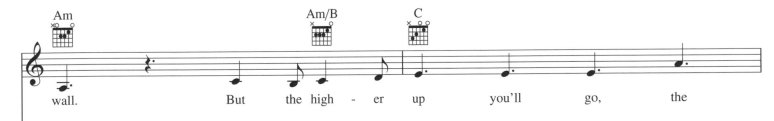

wall. But the high - er up you'll go, the

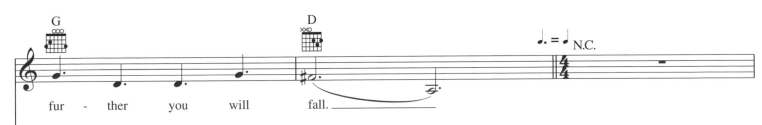

fur - ther you will fall. _____

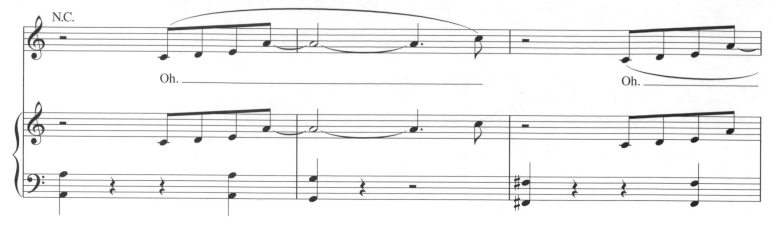

N.C.

Oh. _____ Oh. _____

Oh. _____

"Run!" _____

If I had a time ma-chine,_ and if life was a mov-ie scene,_ I'd

ONE NIGHT TOWN

Words and Music by INGRID MICHAELSON
and MAT KEARNEY

54

OPEN HANDS

Words and Music by INGRID MICHAELSON
and TRENT DABBS

Moderately fast

No - bod - y wants __ to be the
Ev - 'ry - bod - y wants __ the one __

on - ly one that's left stand - ing.
__ to make 'em live for - ev - er, but

No - bod - y wants __ to be the on - ly one to un - der - stand.
no - bod - y wants __ to be the on - ly one that's feel - ing safe.

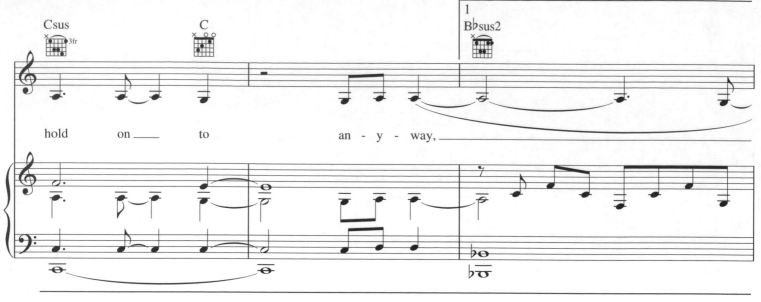

hold on ___ to an - y - way, ___

an - y - way. ___

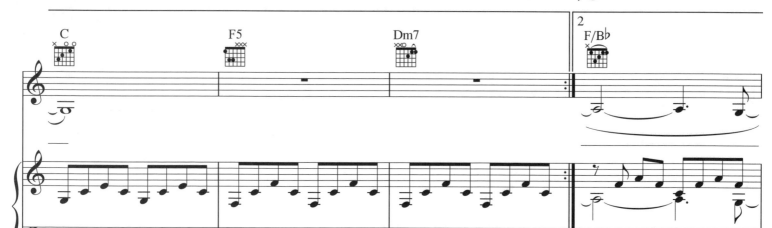

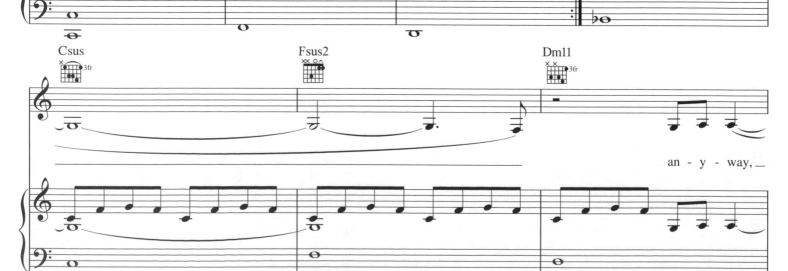

an - y - way, ___

READY TO LOSE

Words and Music by INGRID MICHAELSON
and TRENT DABBS

STICK

Words and Music by INGRID MICHAELSON
and TRENT DABBS

Long, long time a-go you and I put on __ the show, __

and we ran it in __ the ground. __

You said it's not e-nough, don't want no bro-ken love, __

*Recorded a half step lower.

some - thing that won't _____ hold on. _____

D.S. al Coda

Did an - y of me _____

CODA

We are the road _____ un - tak - en, the moon _____ that's fad -

- ing. If it means that you _____ and me, we got - ta break _____

AFTERLIFE

Words and Music by INGRID MICHAELSON,
BRIAN LEE and ADAM PALLIN

OVER YOU

Words and Music by INGRID MICHAELSON,
IAN AXEL and CHAD VACCARINO

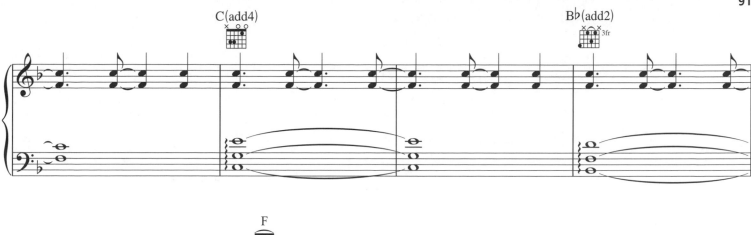

Male: I'm fall - ing __ a - round __ you.

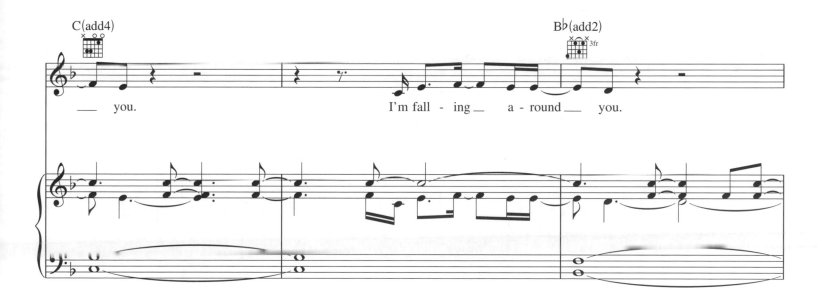

__ you. I'm fall - ing __ a - round __ you.

I'm fall - ing __ a - round __ you.

94

EVERYONE IS GONNA LOVE ME NOW

Words and Music by INGRID MICHAELSON
and TRENT DABBS

Stars __ are light - ing up _____ the park - ing lot. _____

Came __ to me the sec - ond I for - got. _____

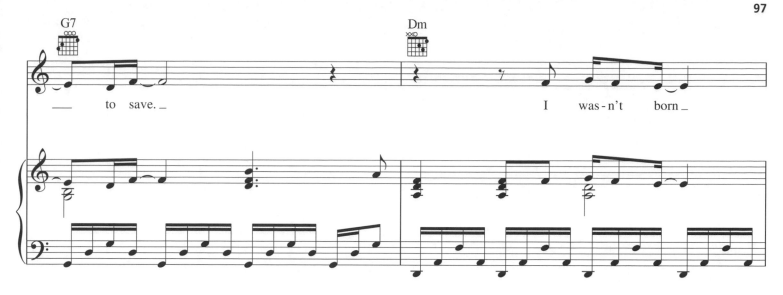

to save. I was-n't born

to fade.

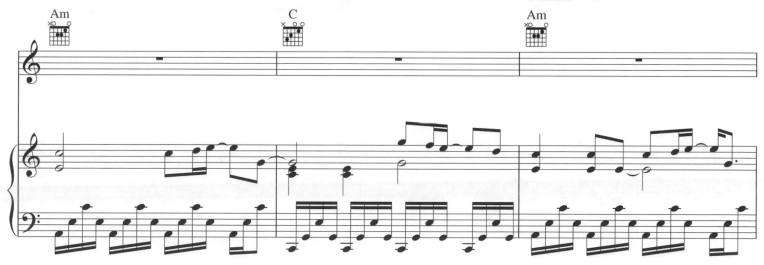

May - be I will go a - way where ev -